AF338823

UN MOT

SUR LA

PROPRIÉTÉ

INDIVIDUELLE

EN ALGÉRIE

DÉDIÉ AUX CONSEILS GÉNÉRAUX

PAR

HENRI DE SENHAUX

Juriste

PARIS

CHALLAMEL AINÉ, LIBRAIRE-ÉDITEUR

30, rue des Boulangers, et 27, rue de Bellechasse

ET CHEZ TOUS LES PRINCIPAUX LIBRAIRES DE L'ALGÉRIE

1872

UN MOT

SUR LA

PROPRIÉTÉ

INDIVIDUELLE

EN ALGÉRIE

DÉDIÉ AUX CONSEILS GÉNÉRAUX

PAR

HENRI DE SENHAUX

Juriste

PARIS

CHALLAMEL AINÉ, LIBRAIRE-ÉDITEUR

30, rue des Boulangers, et 27, rue de Bellechasse

ET CHEZ TOUS LES PRINCIPAUX LIBRAIRES DE L'ALGÉRIE

1872

NOTE PRÉLIMINAIRE

J'explique, pour les personnes qui ne connaissent pas l'Algérie, que les indigènes possèdent les terres de leur immense territoire suivant deux modes.

Les uns les détiennent à titre de propriétaires, ils expriment cet état en disant qu'ils ont des *melk*, le mot *melk* correspond à notre mot propriété. La terre ainsi possédée est dite terre *melk*.

Les autres ont un droit de possession, je pourrais presque dire de propriété, sujet à s'évanouir dans deux circonstances que voici : premièrement, si la famille s'éteint ; secondement, si l'occupant devient pauvre au point de n'avoir plus les moyens de labourer, la terre revient alors à la tribu, et elle est donnée à d'autres, soit par le caïd, soit par le djemâa ou assemblée de notables. Les terres placées dans cette condition sont appelées *arch*, on les nomme ainsi par extension du mot *arch* qui veut dire tribu.

A considérer la totalité du sol actuellement entre les mains des indigènes, il y a équipollence entre les *melk* et les *arch*.

Les ennemis de la colonisation ont trouvé dans l'existence des terres *arch* un prétexte pour la murer dans de petites circonscriptions, dites territoires civils.

Il leur était facile de faire entrer d'abord les terres *melk* dans le commerce. Elles en restent éloignées pour être régies par des coutumes absurdes, faisant obstacles à ce que les Européens les achètent, les Arabes ne connaissent ni les hypothèques ni la transcription, et, de plus, le droit de propriété est soumis à tous les hasards de la preuve testimoniale.

Il sautait aux yeux qu'il fallait, avant tout, appliquer à ces sortes de terre nos lois sur les hypothèques et la transcription.

Mais on a découvert dans les terres *arch* une prétendue raison pour éloigner cette amélioration. On a dit qu'il fallait d'abord les transformer en *melk*, c'est-à-dire les mesurer, diviser, partager entre les indigènes, et donner à chacun son titre avec un plan.

Cette manière d'opérer fut consacrée par un sénatus-consulte célèbre, promulgué en 1863.

Jamais loi ne fut mieux appropriée aux desseins secrets de ses auteurs ou promoteurs. Elle imposait à l'Algérie les lenteurs d'un cadastre, surchargé d'une délimitation des tribus et des douars pris dans leur ensemble. Nul ne peut dire dans combien de siècles cette singulière entreprise aurait été terminée.

Nous avons toujours déploré ce sénatus-consulte, et nous nous efforçons de mettre en lumière le procédé simple, rapide, pratique, par lequel la France introduira dans toute l'Algérie sa législation sur la propriété immobilière.

UN MOT

SUR LA

PROPRIÉTÉ INDIVIDUELLE

EN ALGÉRIE

DÉDIÉ AUX CONSEILS GÉNÉRAUX

CHAPITRE I

Pourquoi cette étude et sa dédicace ?

Autant que j'en puis juger par les documents publiés, la propriété individuelle forme pour l'administration un véritable problème, dont la solution lui semble difficile à trouver. Elle attend sur ce point les manifestations de l'opinion publique, elle espère que les conseils généraux les lui transmettront.

Mais alors même que l'administration n'aurait pas appelé l'attention des conseils généraux sur cette question, je suppose qu'ils s'en seraient saisis de leur propre mouvement, et en auraient fait l'objet de leurs plus sérieuses préoccupations.

Aucune réforme ne se recommande davantage à leur étude, aucune n'est désirable et urgente à un plus haut degré, aucune n'est plus capable d'assurer la prospérité de l'Algérie.

Ces considérations ont motivé notre dédicace ; puisse notre modeste travail être de quelque utilité aux conseils généraux !

Toutefois l'ambition de les servir n'est pas la seule qui nous ait dirigé. En développant, dans une publication séparée, les solutions auxquelles nous avons été précédemment amené par nos recherches sur la question, nous avons cru accomplir un devoir. Il nous a semblé que dans les circonstances présentes, il était bien à ceux qui avaient une conviction raisonnée et profonde de la soumettre, même avec insistance, au jugement de tous.

CHAPITRE II

Solution proposée et ses motifs.

Or, je le dis de suite et avec franchise, je crois avoir indiqué la meilleure solution de cette difficulté, dans la première édition de mon livre intitulé : *La France et l'Algérie*. Je l'ai reproduite sans y rien changer quant au fond, dans la seconde édition, et j'y persiste.

Depuis bientôt huit mois que la première édition a été publiée, je n'ai rencontré que des approbateurs parmi les agriculteurs les plus distingués. Leur opinion m'était précieuse, les sachant initiés aux coutumes des indigènes. Mais à la ville, et parmi les employés de l'Etat, les contradictions ne m'ont pas manqué. Désireux de m'instruire, je les ai souvent provoquées chez ceux que je croyais le plus compétents. Cependant, je le dis en toute sincérité, leurs arguments, loin d'ébranler ma conviction, n'ont servi qu'à la fortifier. C'est qu'en effet il ne me fut jamais répondu par une de ces bonnes et solides raisons capables de renverser un système, de démolir un raisonnement.

Je sais qu'un lecteur malicieux pourrait dire : — le marchand d'orviétan s'écrie, — prenez ma pommade ! Le pharmacien, — prenez mon collyre ! Un auteur a bien le droit d'ajouter, — prenez mon livre !

Mais je ne dis pas cela. Ce qui est dans mon livre, je vais l'expliquer ici, afin qu'on n'ait pas la peine de l'aller chercher. Je n'aspire qu'à voir peser, discuter et vérifier les raisons que je vais développer, la chose en valant la peine.

Or, voici la thèse que je soutiens : — Le problème de la propriété individuelle sera résolu le jour où le législateur dira à tous les détenteurs parcellaires de la terre arch : « La portion de terre dont vous jouissez « change, aujourd'hui même, de nature entre vos mains : désormais, au « lieu d'en avoir la simple jouissance, vous en serez propriétaires ; vous les « posséderez à titre *melk*, tout comme ceux d'entre vous qui ont des pro- « priétés ainsi dénommées. Seulement, à partir de maintenant, les lois « françaises sur les hypothèques et la transcription seront applicables dans « l'Algérie, sans distinction entre les Indigènes et les Européens. »

Le point de départ, la base de cette solution est un fait facile à vérifier, et je le dis à l'avance : si vous le supprimez, toute ma théorie s'écroulera ; mais si vous l'admettez et si vous êtes logique, vous ne pourrez repousser mes conclusions.

Ce fait est le suivant : — Je considère comme certain que les indigènes

d'une même famille se transmettent de père en fils, jusqu'au dernier reje-
ton, leur droit de jouissance à la portion de terre *arch* qu'ils cultivent; que
cette portion ne revient à la tribu que si la famille s'éteint, ou devient assez
misérable pour ne plus avoir à sa disposition les instruments et les animaux
nécessaires au labourage.

Il est inutile de dire que par famille j'entends les chefs successifs,
chacun de ceux que les Romains eussent appelé *caput* ou *pater familias*.

Je m'appuie donc sur une coutume, un usage.

Je l'ai constaté : 1° Par les actes officiels du gouvernement impérial. En
effet, une instruction ministérielle des 11 et 30 juin 1863, relative à l'appli-
cation du sénatus-consulte qui venait d'être promulgué, contient aux titres
III et V les passages que je transcris :

Extrait du Titre III.

« Les terres de tribu (arch) présentent deux caractères bien tranchés.
« Les unes, communes à la tribu tout entière, ou à un ou plusieurs
« douars, servent au pacage des troupeaux. Les autres. propres à chaque
« douar, comprennent les terres de culture, non pas indivises en fait, non
« pas communes à tous, non pas sujettes à la répartition annuelle et arbitraire
« des chefs, mais possédées en général par parcelles bien définies, par les
« familles qui se les transmettent héréditairement. »

Extrait du Titre V.

« On a déjà rappelé que les terres de culture (arch) ne pas sont l'objet
« d'une répartition annuelle abandonnée à l'arbitraire des chefs; qu'elles
« sont au contraire détenues en grande partie par les mêmes familles, qui
« se les transmettent héréditairement tant qu'elles se perpétuent sur les
« lieux et qu'elles ont les moyens d'exploiter. Il convient d'ajouter que
« lorsqu'une famille s'éteint ou quitte le douar, ses terres font retour à la
« communauté. Il est de même des terres qu'une famille laisse tomber en
« friche. Le douar dispose alors des terres non occupées en faveur d'autres
« exploitants ; »

2° Par les écrits des titulaires des bureaux arabes. M. Bidault, dans son
opuscule intitulé *la Vérité sur l'Algérie*, inscrit dans une note, à la page
107, ces observations :

: « Dans la terre *arch* ou *sebeya*, la famille ne jouit que d'un droit
« d'usufruit, mais elle se le transmet de père en fils, comme si c'était un
« véritable droit de propriété. Seulement quand la famille s'éteint, ses droits
« ne font pas retour à l'Etat, mais à la tribu, et tout membre de la tribu est
« appelé au même titre à recevoir des fonds disponibles, une part en rapport
« avec ses moyens d'exploitation ; de même que perdant ses moyens d'ex-
« ploitation, il perdrait tous ses droits antérieurs d'usufruit; »

3° Par les questions que j'ai adressées aux indigènes des tribus arch, toutes les fois que j'en ai trouvé l'occasion : toujours je suis arrivé à la confirmation des règles que je viens de citer ;

4° Par des procès dont cette jouissance est quelquefois la cause. J'écris ces lignes, le 6 décembre 1871 ; eh bien ! à la dernière audience même de la chambre musulmane du tribunal de Sétif, une femme revendiquait la jouissance d'un terrain *arch*, dont elle prétendait avoir été injustement dépouillée ! Deux individus, appuyés par la djemâa de sa tribu, s'étaient d'abord emparés de la terre, et le cadi, saisi par cette femme du litige, avait repoussé sa demande. Cependant, il fut prouvé qu'elle n'était pas dans les cas d'expulsion ou de privation du droit prévu par la coutume, et le jugement du cadi fut réformé.

Je ne prétends pas tirer de cette décision en elle-même un argument en faveur de ma thèse. On pourrait toujours m'objecter qu'un tribunal est sujet à erreur ; mais j'observe que la persistance de la personne dépossédée, et celles de beaucoup d'autres s'étant trouvées dans le même cas, prouve incontestablement l'existence, la réalité du droit qui vient d'être défini.

CHAPITRE III

Une objection.

Une seule objection sérieuse m'a été faite. On m'a dit: Il y a des douars composés d'un petit nombre de tentes, dont les habitants formant une seule famille se partagent périodiquement le sol à nouveau.

J'ai répondu à cette assertion dans *la France et l'Algérie*, et je répète ici ma réponse.

Considérant que mes contradicteurs affirmaient le fait sans l'établir par des citations susceptibles d'être vérifiées, je leur en ai d'abord fait la remarque ; mais ne me contentant pas de cela, j'ai ajouté : « Il résulte de vos propres explications que ces douars où l'on s'entend si bien sont composés d'une même famille occupant quatre ou cinq tentes au maximum. Qu'avez-vous à en craindre alors au regard de la propriété individuelle? Ou ils resteront associés, c'est leur droit, vous n'aurez rien à dire ; ou ils procèderont à un partage. Puisqu'ils vivent en si bonne intelligence, n'y a-t-il pas lieu d'espérer qu'ils le feront à l'amiable ?

S'ils ne s'accordent pas, et si l'esprit de division pénètre au milieu d'eux peu après la loi, comme elle prend le *statu quo* au jour de son apparition, le partage sera tout fait par elle ; si, au contraire, la mésintelligence éclate beaucoup plus tard, après oubli de cette répartition première, difficile à saisir après plusieurs années quand elle n'a pas été fixée par des actes, les tribunaux feront procéder au partage. La terre étant toujours partageable, les licitations seront peu nombreuses.

Dans tous les cas, l'objection ne porterait que sur une exception. La généralité des faits affirmés par nous n'en resterait pas moins constante.

S'il en est ainsi, la conséquence que nous en avons tirée s'impose d'elle-même : il n'y a qu'un mot à dire pour transformer en *melk* toutes les parcelles *arch*, et la réglementation simple, rapide et pratique de la propriété individuelle est toute trouvée.

CHAPITRE IV

Comment l'opinion publique a été détournée de la vérité.

Ce qui a empêché jusqu'ici l'opinion publique de se fixer sur cette question embarrassante, c'est d'abord que les esprits étaient déroutés par les expressions dont on se sert pour la représenter : on y emploie les deux mots *propriété individuelle*, qui font aussitôt naître l'idée d'un partage, comme ceux de *propriété collective* rappelleraient une association ou communauté.

C'est ensuite que l'administration militaire a si longtemps entretenu les Algériens de la nécessité d'un partage qu'ils ont fini par y croire ; ayant été saturés de cette pensée jusqu'à l'étourdissement, il leur est devenu difficile de s'y soustraire.

Mais le partage n'est pour rien dans cette affaire, parce qu'il existe déjà et qu'il a toujours existé.

En effet, supposez la situation plus mauvaise qu'elle n'est, admettez que les terres *arch* soient chaque année l'objet d'une nouvelle répartition : il n'en restera pas moins que chaque année, et pendant l'année entière, tout chef de famille jouira d'une parcelle de terre définie, limitée et fort bien connue de lui. Une loi pourrait donc se saisir du *statu quo*, et transformer en partage définitif ce partage temporaire.

Je dis même qu'une telle loi vaudrait mille fois mieux qu'un retour au sénatus-consulte. D'une part, rien ne garantirait que les commissions nommées pour les délimitations arrivassent à une répartition préférable à celle des indigènes, et, d'autre part, le malaise né d'une incertitude regrettable, depuis si longtemps funeste à l'Etat et aux particuliers, cesserait sans délai.

Non, le partage n'est pas la grande difficulté. Les mots *propriété individuelle* n'ont pas, pour qui les entend bien, la signification d'un partage à exécuter.

Ils signifient une chose beaucoup plus sérieuse : ils représentent la liberté des transactions immobilières assurées par la fixation, aussi solide qu'en France, du droit de propriété. Bienfait nécessaire, aussi bien à ceux qui sont propriétaires dans les tribus *melk*, qu'à ceux qui le deviendront demain dans les tribus *arch*.

Ce n'était pas à l'administration militaire qu'il fallait demander les lois dont l'urgence nous frappe, et sur lesquelles nous appelons l'attention publique. Elles auraient entraîné la division du pays en cantons ou arrondissements, indispensable innovation, dont nous devons déjà la proposition au patriotisme éclairé de notre gouverneur général. Dans chaque canton, il eût fallu un notaire, avec mission spéciale, outre ses autres attributions, de recevoir et faire transcrire, faute de titres plus réguliers, les témoignages des djemâas, des anciens cadis et de tous témoins, sur le droit de propriété des indigènes, qui viendraient placer leurs immeubles sous la protection de nos lois. A côté du notaire, se serait placé le personnel d'une police vigilante ; des juges de paix, des gendarmes seraient arrivés ; sans compter que les autres administrations n'auraient pas tardé à se faire représenter.

Tout cela aurait été installé et mis en marche pour le plus grand avantage de l'Etat, qui aurait recouvré ses dépens avec bénéfice de dix pour un : enregistrement et notaires étant déjà, nul ne l'ignore, une des plus belles sources de richesses dans l'Etat.

Si l'administration militaire avait accordé les lois nécessaires au bien de la propriété individuelle, c'eût été qu'elle désirait la colonisation du pays ; elle aurait donc donné tout le reste ; on ne se serait pas fait faute de le lui demander, en même temps que la suppression de ses cadis et de ses caïds.

Mais vous savez bien que de tout cela, elle ne voulait rien entendre. Elle rêvait l'isolement des indigènes, le royaume arabe ; elle faisait plus que le rêver, elle l'imposait.

Quoiqu'il en soit, puisse l'Algérie éviter aujourd'hui le retour à cet horrifique sénatus-consulte de 1863 !

Comment ne pas voir que ce serait entreprendre un nouveau cadastre ? Un cadastre, grand Dieu ! où cela nous mènerait-il ? Depuis la première Révolution qu'on travaille à celui de la France, il n'est pas ou il est à peine terminé !

O vous, qui, par amour des opérations bien faites, ne craindriez pas d'accabler l'Etat d'un si lourd fardeau, et d'entraver pendant un si long temps le mouvement commercial de l'Algérie, ne prenez pas, je vous en supplie, ne prenez pas tant de souci ! Laissez les particuliers indigènes s'arranger entre eux ; croyez qu'ils n'ont besoin de personne pour faire leurs affaires, pas même de l'administration. Soyez certains qu'en cas de difficultés, ils préféreront de beaucoup leurs djemâas, les notaires et les juges, créés tout exprès pour les servir et les écouter, à l'administration qui commande.

Du reste, il est évident que c'est la manie des plans et des titres écrits qui vous obsède. Mais y avait-il des plans et des titres écrits en France, à

l'époque où personne ne lisait et n'écrivait? La propriété en était-elle moins
exactement partagée pour cela?

Elle l'est de même aujourd'hui chez les indigènes. Il ne s'agit pour eux
que de pouvoir se procurer des titres lorsqu'ils en auront besoin ; donnez-
leur cette facililé, et lorsque leur intérêt les y poussera, ils en profiteront.

CHAPITRE V

Les procès sont-ils à craindre?

Mais j'entends un cri : il y aura des procès !

Voilà la grande objection.

Il n'y en aura pas tant que vous le croyez.

Et d'abord il n'est pas prouvé qu'il y en ait davantage qu'aujourd'hui.
Comme les indigènes demandent déjà à nos tribunaux leurs décisions sur
toutes contestations relatives aux parcelles *arch*, aussi bien celles survenues
au sujet de leurs limites que pour tout autre motif, il est évident qu'une loi
ayant pour effet de les rendre propriétaires, tout en respectant les limites
existantes, n'aura pas pour effet nécessaire d'augmenter le nombre des
procès dont elles sont la cause. Si des procès étaient à naître quant à ce,
ils suivraient dès maintenant leur cours.

Il est tout au plus admissible que les indigènes voyant leur droit de longue
possession transformé en droit de propriété, se défendront des empiétements
avec un soin plus rigoureux. Cette situation nouvelle fera-t-elle surgir quelques nouveaux procès? il est difficile de l'affirmer. Dans tous les cas et
quoi qu'il arrive, songez que les particuliers ont toujours intérêt à éviter les
procès, que les indigènes auront des juges de paix et des notaires dont ils
sont dépourvus aujourd'hui, et que leurs conseils ne leur manqueront pas.

Éloignez donc les vaines appréhensions conçues à l'égard des délimitations. Et, surtout, ne vous abandonnez pas à toutes les frayeurs imaginaires
dont on a voulu remplir vos esprits à l'occasion des partages. Si vous suiviez
cette voie, il n'y aurait plus raison de s'arrêter ; il vous faudrait aussi attaquer
les melk, et vous n'oseriez aller jusques-là.

Car, sachez-le bien, les portions *melk* sont possédées exactement comme
les parcelles *arch*. D'un côté comme de l'autre, on peut rencontrer des
familles comprenant trois ou quatre tentes, qui cultivent leurs terres en
commun. Aujourd'hui déjà, on a acheté beaucoup de terrains *melk*, et nous
n'avons pas vu que ce cas particulier ait créé des difficultés, soit parce
qu'étant très-rare il ne s'est jamais rencontré, soit parce que les co-proprié-
taires se sont accordés sur la vente.

Mais j'admets que la situation nouvelle fasse naître des procès ; j'en supposerai même beaucoup, afin d'être agréable à mes contradicteurs ; est-ce à-dire que dans de telles circonstances, il faille manquer de courage et reculer devant la part du feu ? Veut-on qu'un malheureux pays fasse peau neuve et passe l'éponge sur ses misères sans qu'il lui en coûte ? Quel est celui qui renonce à sa toilette, de peur que l'eau ne lui donne un rhume de cerveau ?

Comme je reconnais à ces subtilités chimériques l'argumentation énervante, stérile et desséchante qui a tant nui à l'Algérie ! Combien en ai-je vu de ces fanatiques de l'impossible perfection, niant l'opportunité de sages et utiles réformes, et ne voulant rien faire, parce qu'il y aurait à craindre de trébucher contre une paille, ou de se noyer dans un verre d'eau !

CHAPITRE VI

Palliatifs au sénatus-consulte de 1863, s'il était maintenu envers et contre tout.

Mais tous mes discours peuvent être inutiles. Je ne tiens pas dans mes mains les destinées de l'Algérie, et la conception d'appliquer le sénatus-consulte pourrait l'emporter.

Je dois prévoir cette infortune.

Dans ce cas, je demanderais deux choses :

La première, que l'on soumît au moins les biens *melk* à la transcription et à nos lois hypothécaires.

La seconde, qu'on n'augmentât point notre malheur en nous jetant au milieu des embarras et des iniquités d'une loi agraire ; qu'on ne se laissât pas entraîner aux aberrations de ceux qui, méprisant les droits des possesseurs actuels de la terre *arch*, veulent les en dépouiller, faire une nouvelle répartition entre tous les habitants des tribus, de manière à enrichir les plus misérables khrammès et les mendiants.

Si vous veniez faire ces propositions aux détenteurs de la terre *arch*, voici ce qu'ils vous répondraient : « Pour Dieu, laissez-nous tranquilles « avec vos titres et vos plans ! Vous nous appauvrissez, vous nous dépouillez « sans écouter nos réclamations et nos plaintes. Pourtant, nous ne vous « avons rien fait. Faudra-t-il, pour repousser vos imaginations et résister à « vos injustices, que nous prenions nos fusils et nous nous préparions à « mourir pour la défense de nos biens ? Que nous importent vos chiffons de « papier, lorsqu'en réalité vous nous enlevez la terre sur laquelle nous

« vivons, et que nous, nos pères et nos enfants, nous avons toujours con-
« sidérée nôtre ! »

Et, en vérité, leurs raisons seraient justes, et, cette fois, leurs menaces auraient pour cause une violation de l'équité. Ils n'auraient plus la force de les mettre à exécution, nous en avons l'espérance, mais la faiblesse n'empêche pas le droit d'exister.

Qui ne voit, en effet, que les prétentions s'appuieraient sur un véritable droit de propriété, diminué par ces deux exceptions : extinction de la souche, insuffisance de ressources ? Et qui ne comprend qu'un tel droit est infiniment supérieur à un usufruit, dont l'essence est de n'être que temporaire ?

Aussi l'administration militaire, de qui nous vient indirectement l'idée de ces partages à nouveau, ne s'y trompait-elle point. Tout en nous laissant dans notre erreur, que faisait-elle, si ce n'était la reconnaissance du droit existant ?

Puis, qu'y ajoute-t-elle, en l'absence de nos lois sur les hypothèques et la transcription ?

Rien !

Elle faisait cadeau au maître du droit d'un plan et d'un titre écrit dont il n'avait que faire. Dès le lendemain, on pouvait le déposséder par la présentation d'un acte émané de la mahakma du cadi, constatant une vente qu'il n'aurait point faite. Il pouvait vendre lui-même, sans transmettre à l'acquéreur les plans et titres de l'administration. Devant un cadi, ils étaient inutiles : une vente immobilière étant bien et dûment constatée par des témoins.

La preuve de tout cela nous est fournie par le sort de beaucoup de concessions accordées aux indigènes, en territoire civil. Les concessionnaires les ont revendues à leurs coréligionnaires sans actes écrits, sans transmissions des titres, et elles sont ainsi retombées sous l'empire de la loi musulmane, dans les mains des cadis.

Voyez comme nous étions joués, ou sinon, quelle était la faiblesse et le peu de perspicacité de l'autorité militaire. Jugez ce qu'il y avait de réel dans ces prétendus partages entre les habitants des douars, et quelle était la véritable valeur des titres et des plans, fruit de tant de travaux, sans les hypothèques et la transcription !

Il me reste une observation.

On a dit : « Il y a toujours du danger à revenir sur des lois anciennes, à cause des effets rétroactifs que de telles évolutions peuvent entraîner. »

Nous n'approuvons pas cette doctrine, qui conduirait à l'immobilité.

Mais comme l'objection pourrait servir à nous combattre, il nous importe d'observer qu'elle n'est fondée ni en droit ni en fait.

En droit, — l'article 2 du code civil édicte : « La loi ne dispose que pour l'avenir ; elle n'a point d'effet rétroactif. »

Cette règle forme un principe fondamental de notre droit, le législateur ne l'oublie jamais.

En fait, — deux ou trois cents particuliers indigènes ont reçu de l'administration militaire, arrivant à ses derniers jours, des titres et des plans.

Parlons-nous de les leur retirer ? A quoi cela servirait-il ?

N'est-il pas visible que les lois que nous soumettons à l'approbation du public, et dont nous invoquons le secours, seraient une nouvelle confirmation du droit de ces indigènes, loin de lui nuire ?

Quant aux délimitations collectives par tribus et par douars déjà accomplies, nous avons dit ailleurs qu'elles n'étaient bonnes à rien, devant être laissées de côté par les futures circonscriptions administratives.

On voit donc qu'il n'y a pas l'ombre, l'apparence d'un danger à laisser tomber dans l'oubli le trop fameux sénatus-consulte de 1863. Œuvre d'une pensée hostile à la colonisation, qu'il aille s'enfouir dans les archives du mal; nous ne le regretterons point, et ce n'est pas nous qui l'en exhumerons !

Tout ce qui se rattache à ce que l'on désigne sous le nom de propriété individuelle a, personne n'en doute, une importance capitale pour l'Algérie.

Le séquestre est une excellente mesure prise contre les rebelles comblés de nos bienfaits, indignes de nos bontés ; mais c'est une mesure forcément restreinte, et qui ne sauvera pas la situation.

Elle ne peut l'être que par deux choses réunies : la sécurité et la propriété individuelle.

Car la sécurité seule nous serait un vaisseau sans voiles, un véhicule sans attelage, un moulin sans eau. Pour qu'elle porte tous les fruits qu'on en peut attendre, il est nécessaire, indispensable d'y adjoindre la propriété individuelle. Celle-ci viendra grandir la vertu de sa compagne et la fixer à jamais dans nos contrées. Les redevances, dont le trésor public se remplira par leur double action, rendront la mère-patrie soucieuse de nous conserver des réformes dont elle verra le profit. Tant que pour elle tout sera perte, l'avenir restera incertain.

CHAPITRE VII

Quelques mots sur la sécurité.

Or, nous ne sommes pas inquiets de savoir comment on s'y prendra pour assurer la sécurité.

C'est un point sur lequel tout le monde est d'accord.

Dans notre livre la *France et l'Algérie*, nous avons énoncé les principes devant servir de base aux expédients à employer.

Nous avons lieu de croire que nous n'avons pas été lu par les officiers des bureaux arabes qui ont écrit *l'Algérie assimilée* et *la Vérité sur l'Algérie*, ce qui ne les a pas empêchés d'arriver à des conclusions au fond identiques aux nôtres, quoique différentes dans les détails.

Ces deux publications même n'ont pour objet que la sécurité jointe à de vaines combinaisons sur la haute administration et le système communal. Est-ce parce que leurs auteurs y trouvent l'occasion d'indiquer des emplois pour les anciens officiers des bureaux arabes, affirmant, selon les habitudes du parti, que sans eux l'Arabe ne saurait être dompté? Nous n'en savons rien ; mais, disons-le en passant, cette absorption dans les questions administratives et de sécurité, alors que la propriété immobilière et l'impôt sont laissés de côté, ne nous dénote pas un grand dévouement pour la cause de la colonisation.

Ce n'était traiter que de matières insaisissables, livrées à l'arbitraire du pouvoir pris à ses divers degrés, et n'offrant de consistance qu'autant qu'on les rattache à d'autres réformes.

En effet, en ce qui touche l'administration proprement dite de l'Algérie, on l'a toujours vue soumise aux fluctuations des affaires politiques en France, de telle sorte qu'elle était libérale ou despotique, colonisatrice ou hostile à la colonisation, selon le principe du gouvernement siégeant à Paris. D'où il suit que créer un système administratif, c'est tracer un sillon dans l'eau. — Quant à la sécurité, elle a dépendu, jusqu'ici, de l'autorité administrative supérieure, ce qui est une énormité, et ne pouvait avoir lieu qu'en Algérie ou dans les pays régis comme elle par des institutions vicieuses. Aussi on a vu l'administration militaire restreindre les limites des territoires civils, où s'exerçait la police judiciaire, la seule sérieuse, et arrêter le zèle de la gendarmerie en lui défendant l'entrée des territoires militaires.

Que l'administration militaire revienne demain, elle profitera de ce que rien n'a encore été fondé, pour annihiler les efforts de notre administration civile, en vue de faire régner la sécurité dans le pays. Elle bornera son rôle à la tâche facile de maintenir les indigènes dans la soumission. Mais cette sécurité véritable, ayant pour effet d'ouvrir montagnes et plaines, vallées et collines, tribus arabes et kabyles à l'activité agricole, commerciale et industrielle, nous ne l'aurons point. L'administration ressuscitée ne sera pas longue à trouver des combinaisons, fondées sur de prétendues raisons d'intérêt général, pour détruire les jalons déjà posés, véritables jalons de l'avenir, aujourd'hui espérance et demain salut de la patrie. En quelques jours les anciens maîtres, rentrés au logis, feront renaître un passé plein de charmes, dont le souvenir leur était cher et faisait l'objet de leurs regrets.

Souvenez-vous, Algériens, des stratagèmes administratifs étranges auxquels vous avez assisté, des variations anomales que vous avez vues, des principes politiques anti-français proclamés, rappelez-les à votre esprit et craignez-en le retour, car il est toujours à redouter !

Nous ne pourrons échapper à ce danger que par la réunion des deux éléments de notre prospérité future : la sécurité et la propriété individuelle, une réforme aidant l'autre.

Remarquez que nous n'adoptons cette division que pour être mieux compris. Car en réalité ces deux réformes rentrent dans le mot *sécurité*. La première veut dire, suivant la pensée générale, la protection des personnes, des biens meubles et même des immeubles, eu égard aux déprédations ; mais la seconde désigne la même protection accordée au droit de propriété immobilière.

CHAPITRE VIII

Caveant consules !

Cette dernière partie offrant seule des difficultés, l'administration civile actuelle ne peut trop s'appliquer à les résoudre.

Si on pouvait l'entraîner dans une voie fausse, si elle se laissait tromper, son existence serait peut-être compromise. A coup sûr, elle en serait dépréciée ; ses adversaires en profiteraient pour l'attaquer ; l'œuvre réparatrice à laquelle elle s'est dévouée subirait un temps d'arrêt ou un ralentissement dangereux, s'il ne lui était funeste.

Nous honorons et nous aimons notre administration civile. Nous n'ignorons pas que si rien de décisif n'a encore été fondé, ce n'est pas sa faute, et nous reconnaissons qu'en ce moment elle a tout préparé pour éclairer le législateur et lui faciliter la solution de nos graves problèmes.

Grâce à elle, il ne faut plus aux Algériens qu'un peu de patience pour arriver à la rupture des liens qui tenaient immobile et captif le génie protecteur de leur malheureux continent, l'ange rénovateur d'une civilisation perdue.

Espérons que M. le Gouverneur général, déjà glorieux parmi nous, et dont le nom ne périra jamais s'il mène à bonne fin l'entreprise commencée, ne se laissera point surprendre.

Puisse l'Algérie avoir la joie d'augmenter la puissance de la France par sa propre prospérité, ou plutôt qu'une seule et même France, partout également prospère, s'étende des rives de la mer du Nord aux sables du Sahara !

12 décembre 1871.

H. DE SENHAUX,
Juriste.

Bar-sur-Aube, imp. É.-M. Monniot.